$I^{27}/\text{in}.\,12891.$

A Messieurs les Membres du Conseil Général de l'Administration des Hôpitaux et Hospices de Paris.

Messieurs,

Un Prêtre, profondément blessé dans l'honneur de sa famille, dans ses affections, dans ses sentiments les plus légitimes, a la confiance que vous voudrez bien examiner la
question de justice et de moralité qu'il prend la liberté de
soumettre de nouveau à votre haute appréciation.

§ I.

Les époux Loubert, père et mère de M. l'Abbé Loubert,
quatrième Aumônier de la Salpétrière, habitaient depuis un
an et demi, avec leur fils, le logement qu'il occupe encore
dans cet Hospice.

A la date du 3 juin 1847, en l'absence de M. l'Abbé Loubert,
alors en voyage, l'Administration de la Salpétrière écrivait à
M. Loubert père :

« l'Administration a décidé que vous ne pouviez plus *résider*
dans l'Hospice, et que vous et madame Loubert deviez le
quitter sous trois jours. »

Réclamation ayant été faite contre la rigueur de cette décision, par M. Loubert père, auprès de Messieurs les membres
du Conseil Général de l'Administration des Hospices, toujours
en l'absence et à l'insu de M. l'Abbé Loubert, Aumônier : la
décision sus-mentionnée fut confirmée par le Conseil Général, en date du 9 juin 1847, et dans les termes suivants :

« Le Conseil a décidé que monsieur et madame Loubert
devaient quitter l'établissement dans les vingt-quatre heures,
et *qu'ils ne pourraient plus y rentrer.* »

De retour de son voyage, M. l'Abbé Loubert ne fit aucune
réclamation contre ces décisions portées et exécutées en son
absence, à son insu, et *sans aucune espèce de débats contradictoires.* Mais, considérant que, dans la première décision

comme dans la seconde qui confirme la précédente, il n'est nullement fait mention de la défense portée contre les époux Loubert de ne plus rentrer dans l'hospice *même à titre d'étrangers et de simples visiteurs* du quatrième Aumônier, M. l'Abbé Loubert pensa ne pas être dépouillé de son droit de recevoir de temps en temps la visite de son père et de sa mère. M. le Directeur de la Salpétrière ayant été consulté à ce sujet de vive voix, pensa autrement; l'ayant été par écrit, il transmit à M. l'Abbé Loubert la réponse suivante, signée de M. l'Administrateur Battel, et datée du 28 octobre 1847 :

« Monsieur le Directeur,

« Vous m'avez écrit, le 11 de ce mois, pour me demander si vous aviez convenablement exécuté la délibération du Conseil du 9 juin 1847, en ne laissant pas rentrer dans l'Hospice monsieur et madame Loubert, qui en ont été exclus par ladite délibération.

« Les termes de l'arrêté du Conseil sont si formels et si précis, qu'il ne saurait y avoir aucun doute à cet égard, etc. »

M. l'Abbé Loubert, à la date du 3 novembre 1848, consulta donc le Conseil Général à l'effet de savoir si l'on entendait réellement étendre la pénalité au-delà des termes mêmes *inscrits au texte de la décision ;* si l'on excluait du droit commun son père et sa mère, au point d'être privé de les recevoir *même comme étrangers et simples visiteurs*; il rappella, en même temps, la nature véritable des faits qui occasionnèrent ces rigueurs, indiqua ce qu'il y avait de grave et de flétrissant pour sa famille et pour lui dans une proscription aussi absolue, aussi publique, etc., etc.

On lit ce qui suit dans la réponse du Conseil Général, transmise par l'organe de M. l'Administrateur Battel, à la date du 9 décembre 1847 :

« Le Conseil a examiné avec attention cette réclamation, et il a décidé, dans sa séance du 17 novembre, que la délibération du 9 juin était maintenue en ce sens que monsieur et madame Loubert ne pourraient, *à aucun titre*, rentrer à l'Hospice de la Salpétrière.

« Cette décision a reçu l'approbation de M. le Préfet. »

§ II.

Voyons donc la nature véritable des faits qui donnèrent lieu aux rigoureuses et regrettables mesures que nous avons signalées.

En contravention à un règlement de l'Hospice qui défend à *tout indigent ou employé* de sortir de la maison du pain ou des vivres, etc.

1° Madame Loubert emportait, au moment de l'excessive chereté du pain, une moitié de pain *qu'elle devait manger à son dîner dans une tierce maison.*

Mais, pauvreté n'est pas vice; et ce pain *appartenait légiti-mement* à M. l'Abbé Loubert, sonfils, alors absent.

Ce même fait, il est juste de le dire, avait déjà eu lieu une fois auparavant de la part de M. Loubert père, et M. l'Aumô-nier avait instamment prié qu'il ne se renouvella pas.

2° Madame Loubert, préparant la malle de voyage de son fils, crut pouvoir mettre, pour envelopper ses effets, deux serviettes des douze mises à son usage par l'Administration : ce dont M. l'Aumônier n'avait nulle connaissance.

Le tout fut constaté par les visites et fouilles faites, habituel-lement sans doute, par les portiers de l'établissement à toute malle et à tout paquet *d'employé* résidant dans l'Hospice. Or, en cela, comme en tout le reste, les Aumôniers sont, à tort ou à raison, assimilés aux employés.

Mais, soit dit en passant, pourquoi M. l'Abbé Loubert n'a-t-il pas été traité selon la même règle commune, sous un rap-port plus bienveillant.

Aussitôt la violation faite au règlement par madame Lou-bert, M. l'Administrateur Battel crut pouvoir à l'instant même et de son autorité privée, faire refuser à la domestique de M. l'Aumônier les aliments donnés habituellement pour l'u-sage de sa maison. Pourtant, lorsqu'un employé ou un Aumô-nier est en voyage, sa domestique reçoit les aliments qui re-viennent à son maître. Avant, comme après cette exception inventée tout exprès pour M. l'Abbé Loubert, nous avons été plusieurs fois témoin de la fidélité invariable à cette raison-nable coutume, même à l'égard d'autres Aumôniers de l'Hos-pice. M. Battel ignorait-il donc que ces aliments sont comptés comme appointements à M. l'Abbé Loubert; qu'ils sont l'objet,

chaque mois, d'une retenue pécuniaire pour la caisse des
pensions ; que cette mesure occasionnerait en outre des dé-
penses inattendues ; qu'il y avait par conséquent, dans sa conduite, non seulement une dérogation à l'usage, mais encore
une violation de la justice. Pour se justifier à ce sujet, M.
Battel prétend alléguer ce qui s'est fait à l'égard d'un chirur-
gien qui, ne devant pas recevoir les aliments de la maison,
cède volontairement une partie de son traitement pour jouir de
cet avantage , lorsqu'il réside dans l'Hospice ; mais qui, lorsqu'il est en voyage, touche l'argent représentant la valeur de
la nourriture, ou le fait toucher à celui qu'il charge de le
remplacer momentanément. Il n'y a donc nulle parité, même
apparente, dans ces deux cas si différents, et le seul besoin
de déguiser une rigueur nouvelle, une injustice flagrante,
pour ne pas dire plus, force à recourir à de si fautives com-
paraisons. Tout en signalant cet injuste abus de pouvoir, M.
l'Abbé Loubert n'a jamais songé à poursuivre M. l'Administrateur en dédommagement du double tort pécuniaire qu'il lui
a porté. Il lui suffit d'exposer la vérité , et il se trouverait
heureux de rencontrer dans M. Battel la même loyauté, lorsqu'il s'agit du narré des faits qui concernent les époux Loubert.

§ III.

Maintenant, les faits concernant les époux Loubert, ont-ils
été présentés au Conseil dans toute leur simplicité, ou, en
d'autres termes, la véracité de M. l'Administrateur Battel, ne
peut-elle pas être légitimement suspectée?

Et d'abord, la rigueur des mesures prises, *sans aucuns débats
contradictoires*, autorise à résoudre affirmativement la seconde
partie de la question, puisqu'il n'y a pas de proportion entre
une pénalité infamante pour les époux Loubert, comme pour
M. l'Aumônier, et de *simples contraventions matérielles* à un
règlement, qui, quelque respectable qu'il soit, ne peut ni
changer la nature des actes, ni modifier leur moralité, ni abro-
ger les règles de la justice. Ne semble-t-il pas, en effet, que
pour exclure un père et une mère du droit de visiter leur fils
habitant un Hospice, il faille pouvoir alléguer des faits positi-
vement contraires à l'honneur ou à la moralité?

Ces préjugés légitimes contre la véracité de M. l'Administrateur Battel, se changent en certitude, lorsqu'on considère

d'une part, la modération des réclamations de M. l'Abbé Loubert et; de l'autre, la persistence du Conseil Général dans la rigueur de ses mesures, dans leur aggravation même.

En effet, plus la justice et la haute impartialité de MM. les Membres du Conseil doivent être admises comme entières et incontestables, plus aussi les falsifications de l'accusateur et du témoin doivent avoir été gravement contraires à la vérité et à la simplicité des faits énoncés plus haut.

De plus, il est mis hors de toute contestation que la vérité a été gravement altérée par M. Battel, que les faits ont été exagérés et dénaturés par lui; en voici les preuves :

1° Un membre éminent du Conseil Général a dit à M. l'Abbé Loubert lui-même que « *Sa famille ne méritait pas assez de confiance pour être admise à le visiter.* »

Or, pour justifier un pareil langage, il faut nécessairement qu'on ait présenté à ce membre du Conseil le fait de la sortie du pain comme un acte contraire à la délicatesse et à la probité. Car enfin, l'Aumônier n'est pas logé par charité dans un Hospice, et il ne peut pas être si peu maître chez lui que pour de *simples contraventions matérielles* à un règlement, on le dépouille de son droit, ou on regarde comme *une faveur*, dont on puisse le priver légèrement, de le laisser recevoir la visite de son père et de sa mère, alors qu'on a sous ses ordres des sentinelles vigilantes pour faire observer les règlements.

2° Il faut que le fait des serviettes ait été présenté aussi comme un acte d'indélicatesse, pour qu'un autre membre non moins éminent du Conseil, ait cru pouvoir dire en face, au père de M. l'Aumônier :

« Jusqu'à des serviettes que Monsieur votre fils emporte de la maison ! »

Cette humiliante apostrophe eut-elle affligée un vieillard de soixante quatre ans, si l'on eut eu soin de ne pas taire que le linge, comme tout le reste, est donné en compte à l'Aumônier; qu'il en existe deux listes signées et contre signées; qu'on a en main les appointements (deux mois étaient alors en arrière) pour faire payer tout ce qui serait ou perdu ou détruit; que, par conséquent, le fait de mettre par mégarde, *ou même à dessein*, deux serviettes dans une malle de voyage, ne peut jamais s'élever jusqu'aux proportions de l'apparence même d'un attentat contraire à la moralité, à la délicatesse ou à l'honneur. Tous les jours, qu'on nous passe ce rapproche-ment, des hommes haut placés dans le monde politique ou dans le monde religieux, reçoivent un état de maison et usent des objets qu'il constate, soit lorsqu'ils restent chez eux, soit lorsqu'ils vont en voyage; et qui pense à les suspecter. Faudra-t-il donc, pour être dans une sphère plus humble, qu'un Aumônier, un Prêtre soit outragé dans l'honneur de sa famille, dans le sien propre, dans la dignité de son ministère, pour une simple méprise, comme telle au moins, innocente sous tous les rapports.

Il est déjà assez évident que la fidélité, que la véracité a fait défaut aux allégations de M. l'Administrateur Battel; ce qui suit le confirme encore :

3° Au Conseil de la Salpétrière, comme au Conseil Général, M. l'Administrateur Battel a affirmé que M. l'Abbé Loubert regardait comme un droit la violation du règlement; qu'il avait mal accueilli *les observations bienveillantes qu'une première fois on avait bien voulu lui faire dans son intérêt.* La même accusation a été intégralement répétée *ailleurs,* pour jeter de la défaveur sur M. l'Abbé Loubert auprès de l'Autorité Ecclésiastique.

Or, il est faux, il est tellement faux que le quatrième Aumônier de la Salpétrière ait jamais affiché la prétention de regarder la violation des règlements comme un droit, que tout en affirmant que la conscience, pas plus que la délicatesse ou l'honneur, n'avaient été offensés dans ces faits, M. l'Abbé Loubert, avant même toute observation bienveillante ou non, avait instamment recommandé à sa famille l'observation exacte des règlements.

Il est faux encore et entièrement faux que M. l'Abbé Loubert ait mal accueilli les observations de M. l'Administrateur Battel. Ce que M. l'Abbé Loubert n'a pu accueillir c'est le ton, ce sont les manières de M. l'Administrateur; c'est d'être mandé dans le cabinet d'un homme qui, oublieux des plus simples, des plus communes convenances, restant étendu dans son fauteuil, la tête renversée et appuyée dans sa main, ne répondait ni à un salut honnête, ni à ces paroles d'usage dont ne s'écartent jamais les gens les plus médiocrement élevés; c'est d'être laissé debout et apostrophé brusquement, c'est le mot, et contraint de prendre lui-même un siége qu'on ne dai-

gnait seulement pas lui indiquer d'un signe de la main. Voilà
ce que, comme homme, comme Chrétien et comme Prêtre ,
M. l'Abbé Loubert n'était pas obligé d'accueillir; voilà ce qui
lui a donné le droit de dire, poliment et avec calme, qu'il sai-
sissait cette occasion de répéter que, dans l'Administration de
la Salpétrière, on traitait un Aumônier avec moins d'égards
qu'un commis à gages; que, de semblables procédés, dans
d'autres Hospices ou Hôpitaux, rendaient un grand nombre
de Prêtres faciles à nommer, peu jaloux de rester sujets à ces
vexations Administratives.

Heureusement, à tout ceci il y avait un témoin, M. Vincent,
alors économe à la Salpétrière, maintenant Directeur à la
Pitié.

Certes, jamais Messieurs les Membres du Conseil n'ont entendu être représentés ainsi, ni autoriser en aucune manière,
l'atteinte portée à la dignité de l'homme, du Prêtre surtout.

§ IV.

Mais, à tout il faut une cause.

Quels motifs ont donc pu porter M. l'Administrateur Battel
à demander au Conseil de la Salpétrière, dès la première violation matérielle du règlement *et avant toute remontrance*,
l'expulsion de monsieur et de madame Loubert ? Quels motifs
l'ont fait si bien souvenir qu'il ne l'avait pas obtenue cette
première fois, grâce à la bienveillance toute spontannée d'un
membre du Conseil, qu'il la réclamât ensuite de tout son
pouvoir ? la fit confirmer par le Conseil Général ? étendre à ce
point que toute entrée de la maison et visite au quatrième
Aumônier fut interdite aux époux Loubert, comme on ne le
ferait point pour un prisonnier et à l'égard de gens tarés ?...
Quelles causes l'on fait altérer la simplicité des faits, déna-
turer leur caractère véritable ? et, au milieu de tout cela,
fouler aux pieds toute politesse, tout procédé honnête et convenable vis à vis de M. l'Abbé Loubert ? Le voici :

Antérieurement à tous ces faits, à tout rapport même un
peu significatif avec M. l'Administrateur Battel, M. l'Abbé
Loubert avoua, dans un entretien avec M. Censier, alors
Directeur à la Salpétrière, qu'en entrant dans le logement
qu'il occupe dans cet Hospice, il avait été affecté si pénible-

ment du mauvais état où il l'avait trouvé, qu'il s'était dit, comme involontairement : mais, on n'a donc pas, dans cette Administration, les mêmes égards pour un Aumônier qu'on aurait pour un commis à gage. Il ajouta qu'il était confirmé dans cette idée, puisque, depuis plusieurs mois, sa demande en réparations était restée sans nulle réponse. Rien du reste, dans cet entretien, ne ressembla à une discussion, à une récrimination quelconque; tout fut poli et convenable de part et d'autre.

Quelques jours après, l'inspecteur des bâtiments, le piqueur, vint pour constater les réparations à faire, et, comme il s'exprimait peu convenablement, les trouvant trop nombreuses, il lui fut répété la même chose qui avait été dite à M. le Directeur.

Alors, M. l'Administrateur Battel crut utile, le jour même, de se rendre chez M. l'Abbé Loubert, alors absent; et quand celui-ci rentra, n'ayant nul soupçon de ce qui l'attendait : sans répondre ni à son bonjour, ni à son salut, sans même lui donner le temps d'entrer dans la pièce où il se trouvait : M. Battel, la tête haute, le regard méprisant, et mesurant de l'œil la hauteur de celui auquel il adressait la parole, se mit en devoir de l'apostropher brusquement, et devant le piqueur amené tomme témoin de la mercurialle, se récriant avec une amère inconvenance, sur ce qu'il *ne comprenait pas qu'un Prêtre ait pu se permettre de tenir le langage inconvenant tenu le matin même.*

Toujours calme et poli, toute la réponse de M. l'Aumônier se borna, au milieu de récriminations émises sur le même ton qu'on avait pris en commençant, à constater que *le ton même avec lequel M. l'Administrateur voulait bien lui adresser ses observations, établissait suffisamment l'oubli de tous les égards vis à vis d'un Aumônier; que, après réflectiou, dans le silence et dans le calme, M. l'Administrateur reconnaîtrait que M. l'Abbé Loubert n'avait rien exagéré en affirmant,* etc.

Sur ce, M. Battel de s'écrier : *Alors, Monsieur, je n'ai plus qu'à me retirer de chez vous!...*

Un simple geste d'adhésion a cette volonté manifestée, et M. l'Aumônier reconduisit poliment et silencieusement, aussi loin qu'il put, ses bienveillants visiteurs.

Il va sans dire qu'il n'eut aucune réparation dans son logement.

Il se garda bien de s'en plaindre, de réclamer en aucune manière ; mais, l'amour propre innocemment outragé par un calme convenable et digne, n'était pas encore satisfait. On avait besoin de s'en venger par un second oubli de procédés ; la première violation du règlement en fournit plusieurs mois après l'occasion, dans le cabinet de M. l'Administrateur, comme il a été dit plus haut.

Tel est le crime véritable de M. l'Abbé Loubert ; il a eu le double tort, ce semble, d'avoir raison dans le fond et dans la forme, et toutes les rigueurs dont il a été l'objet dans la suite ne sont que la conséquence, que le châtiment de son premier méfait.

De quel côté est l'injustice et la honte ?... Chacun peut déjà répondre.

§ V.

Si l'honneur de la famille était peu de chose ; s'il n'était pas, cet honneur, la seule noblesse du peuple ; nous pourrions croire avoir assez fait déjà pour sa défense, à l'occasion des faits relatifs aux époux Loubert, aux parents d'un Prêtre.

Nous laisserions alors avec joie de côté la partie de notre travail la plus délicate et la plus pénible à remplir. Mais le devoir, le droit de légitime défense est impérieux pour un fils ; s'il ne fait pas tout ce qu'il peut, il ne fait pas assez.

C'est bien surtout quand un accusateur, quand un témoin ne s'est pas rencontré dans la lice avec l'accusé, *lorsque nul débat contradictoire n'a pu avoir lieu,* par conséquent : qu'il est permis d'examiner, de discuter la moralité de l'accusateur et du témoin.

Il faut le dire, les faits déjà énoncés plus haut, supposée leur exactitude, cadreraient mal avec une moralité avérée, exempte de tout soupçon.

L'homme pur y regarde à deux fois pour compromettre ce qu'on garde avec peine.

L'homme public, scrupuleux observateur pour lui-même des règlements dont il a la garde, n'a nulle envie, parce qu'il n'en a nul besoin, d'affecter un zèle exagéré, rigoriste pour la loi qu'il respecte.

Il en est tout autrement de l'homme qui ne prend pour guide que ses intérêts et ses passions.

Voyons donc, pour compléter notre travail, si M. l'Administrateur Battel n'a pas eu un intérêt tout personnel à jouer le rôle de zélateur généreux de la régularité morale et règlementaire.

1° Laissons de côté, parmi les faits anciens, les procédés et les débats de M. l'Administrateur Battel avec le boucher de l'Hospice de Bicêtre. Tous les journaux en ont parlé, et, sons les coups terribles de l'un d'eux, la moralité et le désintéressement de l'homme public ne sont pas restés sans de graves et profondes atteintes.

2° Parlerions-nous d'un jardin créé, pour ainsi dire, de toutes pièces, disposé avec recherches et à grands frais, à la Pitié, par un ancien Directeur de cet Hôpital, placé cependant sous la surveillance active et responsable du bon emploi du bien des pauvres, de M. l'Administrateur Battel. On avait à redouter la surprise plus louablement scrupuleuse du successeur appelé à la direction ; et, en peu de temps, on eut *la prudence* de faire tout disparaître. Pourtant, dans ce jardin, se trouvait une élégante chaumière, qui méritait assez qu'on la respectât pour qu'elle pût être transportée ailleurs, dans le même hôpital, et servir encore aujourd'hui de pièce de conviction.

3° Faudrait-il rappeler ces longs débats, ces épineuses controverses, cette singulière correspondance de M. l'Administrateur avec une religieuse supérieure du même Hôpital de la Pitié. Elle avait cru, de concert avec un des Aumôniers, pouvoir renvoyer de la lingerie une personne suspecte à laquelle M. Battel semblait avoir des motifs tout particuliers de tenir beaucoup. Lui, au contraire, dans son intérêt du moment, prétendait avoir le droit de nommer à la lingerie, le droit d'en exclure ; et les autres persévéraient à croire, comme serviteurs de Dieu, qu'ils devaient combattre une usurpation de pouvoir qui les priverait d'opposer de sérieux obstacles au commencement d'un scandale public qui menaçait de prendre chaque jour un caractère plus universel et plus grave.

4° Faudrait-il faire mention, lorque M. l'Administrateur demeurait en face de la Pitié, au coin de la rue Buffon, de jalousies commandées et exécutées par ses ordres ; menuisier, serrurier, peintre, payés par l'Administration pour leur travail quotidien, prélevèrent leur coopération aux ordres de M. Battel *sur un temps et avec des matériaux qui ne leur appartenaient pas*. On trouva même, par des procédés analogues, et par un bon fait au nom de la lingerie, les rubans nécessaires pour maintenir et diriger ces lames mobiles appelées à protéger contre les ardeurs du soleil un homme qui trouvait le moyen facile de procurer à la fois un double soulagement à sa personne et à sa bourse.

Ces faits restent publics, alors même qu'ils passent inaperçus aux yeux de l'Administration, ou qu'on parvient à les étouffer, lorsqu'ils transpirent. Et ceux même qui y concourent, qui les racontent tout haut et à tout venant, restent volontiers bouche close lorsqu'une interrogation officielle vient à les menacer du châtiment commun qui s'étendrait de l'ordonnateur aux complices.

5° Faudrait-il exhumer de l'Hôtel-Dieu un fait affligeant pour l'honnêteté et l'impartialité du même Administrateur, à l'égard des Prêtres. Un Aumônier de cet Hôpital eut à souffrir alors d'une noble conduite; et un Aumônier d'un autre Hospice rappelait encore récemment ce fait à la femme de M. l'administrateur qui, oublieuse de ses anciennes plaintes, semblait douter, ce jour là, des dispositions hostiles de son mari lorsqu'il est question des membres du clergé.

Pourtant, M. Battel sait trop bien, selon les personnes et les circonstances, affecter l'homme pieux, pour que nous n'insistions pas davantage sur tous ces faits, ni sur tant d'autres, plus anciens et plus nombreux encore, dont nous pourrions faire mention.

Il nous suffit de rappeler en passant ce proverbe populaire qui dit : « on ne prête jamais qu'aux riches. »

Nous arrivons à des faits plus récents et qui, personnellement, nous sont bien mieux connus.

6° Qu'est-ce donc que ce jardin dont nous avons vu nous-même jouir M. Battel, à la Salpétrière. Ne demeurant pas dans l'Hospice, il n'a aucun droit à réclamer une pareille prérogative ? Lui a-t-elle été accordée bénévolement ? A-t-il usé d'un droit ou d'une permission pour s'approprier un jardin destiné aux personnes qui résident dans la maison ? Pour y faire faire

des terrassements coûteux, des plantations nombreuses; or-
donner la construction et l'ameublement d'un pavillon spa-
cieux et orné? La construction d'une cuisine avec dépendan-
ces, et disposer, à cet effet, au vu et au su de tout le monde,
des meubles et des bras qui appartiennent à un établissement
de charité.

Ce n'était pas sans but, il faut en convenir. En effet, tous
les dimanches de l'été, quand ce n'était pas encore plusieurs
fois dans la semaine, M. Battel venait avec sa femme, trois
enfants, des domestiques, des amis; la cuisine était utilisée,
le pavillon ou les charmilles protégeaient le couvert. Sans
doute, M. l'Administrateur, s'il n'a pas commandé en souve-
rain maître, pourrait fournir au besoin les bons signés du Directeur et de l'économe, qui ont autorisés à sortir de la cuisine de l'Hospice et des autres magasins respectifs, la viande,
le pain, le vin, etc., etc., qui servaient à ses repas; ou bien,
dans une autre hypothèse plus bienveillante, mais plus que ri-
dicule aux yeux de la maison toute entière, soigneux de la
bonne renommée d'un Administrateur intègre, il aura pris
soin, pour répondre aux médisants anciens et bien nombreux,
de faire constater l'introduction du dehors de tous ces comes-
tibles.

Quoiqu'il en soit au fond, l'usage de ce jardin et ces repas suspects ont eu lieu pendant plusieurs années, jusqu'au
jour où le public étranger à la maison s'en occupait tout
haut, et l'Administration pouvant être ainsi provoquée à
faire faire une enquête, M. l'Administrateur fut contraint, par
une prudence tout a fait du moment, d'abandonner le jardin,
et cela, il y a quelques mois seulement.

Aussi, lorsque naguère M. Battel se faisait aux yeux d'une
personne grave un mérite de cet abandon du jardin, foyer des
exactions, lui fut-il répondu : « le bien n'est pas que vous
ayez cru devoir l'abandonner, mais le mal est que vous ayez
cru pouvoir le prendre. »

7° Ce pied-à-terre dans le sein même de l'établissement a
eu encore pour M. l'Administrateur une autre utilité, celle de
favoriser plusieurs fois des visites nocturnes dans les salles
de l'infirmerie et dans les dortoirs où se trouvaient de jeunes
malades ou infirmes. C'est après être resté jusqu'à minuit ou
une heure du matin dans le pavillon de son jardin, et fortifié

dans sa hardiesse habituelle par le concours d'une bouteille, que, l'été, l'observateur scrupuleux de l'ordre procédait à ces singulières vérifications, que le laisser aller du mode de se couvrir dans les temps chauds favorise si bien pendant le premier sommeil.

Laissant de côté les faits de ce genre qui eurent lieu dans les dortoirs; un entre autres dans la salle Saint Alexandre, de l'infirmerie, nous nous bornerons à mentionner plus en détail le suivant:

8º Au mois de juillet 1846, M. l'Administrateur, qui s'était mis en gaîté dans son jardin, comme il a été dit plus haut, pénétra entre minuit et une heure du matin, dans la salle Saint Antoine, de l'infirmerie. Une jeune femme de vingt et quelques années, mademoiselle R..., au milieu des ardeurs du temps chaud, se trouvait plus que médiocrement couverte dans son lit. On s'approche, on ne trouve pas la lumière des veilleuses assez vive pour effectuer ses explorations; l'on ordonne alors à une garde de nuit, la fille M..., d'apporter la lampe; on en fait un usage que nous nous abstenons de décrire; l'on interroge curieusement sur la nature de la maladie; puis de même ensuite, sur une autre malade, et on se laisse aller aux plaisanteries de circonstance.

Ce fait fit, le lendemain matin, le sujet de toutes les conversations; mademoiselle R... s'en plaignit bientôt à un interne M. H...; ensuite à M. le docteur C... et elle nous a certifié être prête, quoique à regret, à en témoigner au besoin.

9º Les noms de filles de service, de surveillantes, etc., sont prononcés hautement et publiquement par les personnes les plus graves, comme ayant concourru notoirement aux distractions coupables dont les faits cités plus haut ne sont que le plus simple accompagnement, comme les scandales tout récents éclatés à Bicêtre entre M. l'Administrateur et la femme d'un employé supérieur, n'en paraissent que la suite naturelle et le digne complément.

§ VI.

Ce n'est pas, nous le répétons, sans une grande répugnance, ni sans un dégoût profond que nous avons rappelé ce qui précède immédiatement. Nous n'ignorons point que nous n'étions pas chargé directement d'une pareille surveillance : et il nous a fallu, pour agir ainsi, la conscience d'un droit, du droit de légitime défense, de discussion de la moralité d'un accusateur et d'un témoin qui parvient à faire flétrir d'honnêtes gens, *en dehors de tout débat contradictoire.* Nous n'ignorions pas même, en écrivant ces lignes, qu'aux yeux de certains esprits jaloux de nous apprendre les règles de la calomnie ou mieux de la médisance, nous gâtions notre propre cause, surtout en ayant raison. Mais, encore au-dessus de nos droits légitimes et privés, nous avons considéré l'utilité publique, la bonne administration du bien et de la moralité des pauvres ; l'honneur, la considération, la dignité de lA'dministration et de chacun de ces Membres, qui n'a jamais entendu être représenté par un mandataire dont les actes sont d'outrageuses diffammations qui rejallissent bien loin et bien haut.

Nous avons si véritablement exclu tout sentiment de rigoureuse et excessive, mais pourtant légitime justice, nous avons si réellement pris en sérieuse considération l'honneur de l'Administration, que nous avons cru jusqu'ici devoir nous borner aux moyens les plus indispensables à la défense, et résister aux sollicitations pressantes qu'on nous faisait de recourir à la publicité, aux journaux, pour renvoyer le déshonneur sur qui a voulu, sans motif, déshonorer les autres, en obtenant des mesures infamantes, aux yeux de plus de sept mille personnes.

Maintenant, que demandons-nous donc, en finissant notre longue et pénible tâche ? C'est l'objet de notre conclusion.

CONCLUSION.

Nous ne demandons rien contre M. Battel. Pour lui personnellement, nous ne désirons même pas que des faits plus éclatants viennent corroborer nos assertions, ni contraindre à le priver de la haute position qu'il occupe.

Nous nous contentons de protester contre la moralité de l'accusateur et du témoin ; contre les motifs d'amour-propre innocemment outragé qui ont animé sa conduite. Nous protestons contre son impartialité, contre son exactitude à présenter les faits, en un mot, contre sa justice et sa véracité.

Nous affirmons que *la nature véritable* des faits reprochés aux époux Loubert, n'était pas de nature à provoquer une expulsion si brusque, si humiliante.

Nous laissons de côté, et la liberté du domicile violée à l'égard de M. l'Aumônier et en son absence, et nous n'accepterions même pas une réintégration désormais trop tardive.

Nous protestons hautement, et de toute l'énergie d'une noble mais respectueuse indépendance, contre l'exclusion du droit le plus commun appliquée aux époux Loubert. Lorsque, deux fois par semaine, le public le plus inconnu, le plus vulgaire, est admis en foule et sans nulle enquête, à visiter les indigents que renferme l'Hospice, n'est-il pas juste de protester au moins contre la privation infamante du droit pour un père et une mère de visiter leur fils, et pour ce fils, de recevoir son père et sa mère, lorsque nul fait grave n'autorise à les assimiler à des gens qui ont forfait à la moralité ou à l'honneur.

Pourtant, bien loin encore, en ce point, de réclamer la révision de la chose jugée *sans débats contradictoires*, ni la réintégration d'un droit, dont une légitime fierté nous fait éprouver le besoin de n'avoir plus à user ; nous demandons une chose, une seule chose que la justice la plus rigoureuse ne saurait loyalement nous refuser :

C'est qu'il plaise au Conseil Général de l'Administration des Hospices et Hôpitaux de Paris, de nous accorder une pièce qui témoigne :

1º Que les époux Loubert, père et mère de M. l'Abbé Loubert, quatrième Aumônier de la Salpétrière, ont été renvoyés de cet Hospice pour de *simples contraventions matérielles* à des règlements administratifs.

2º Qu'ils ont été privés, pour ces seuls faits, *sans que rien puisse leur être reproché de contraire à la moralité ou à l'honneur*, de la faculté d'entrer dans la maison, même a titre d'étrangers et de simples visiteurs de leur fils, quatrième Aumônier de cet Hospice.

La vérité étant maintenant connue : que, par cet acte de haute et impartiale justice, un fils, blessé dans ses affections les plus chères, dans la dignité de sa famille ; qu'un Prêtre, lésé dans la considération nécessaire à son ministère, puisse au moins répondre à quiconque viendrait s'armer des faits accomplis, des décisions rigoureuses portées.

« Non, ma famille est restée pure quoique affligée ; non, je

« n'ai point eu à rougir de ma famille, tout en souffrant beau-
« coup de sa douleur, plus encore que de la mienne ; non rien
« ne vous autorise à venir dire en face à un fils qu'un légitime
« soupçon d'indélicatesse est venu un seul jour ternir la ré-
« putation de son père et de sa mère, ni flétrir leurs têtes vé-
« nérables, si près du repos de la tombe. »

Dans ces sentiments, veuillez agréer, Messieurs, l'assu-
rance des hommages respectueux de celui qui a l'honneur de
se dire

Messieurs,

votre très-humble et très-obéissant serviteur,

l'Abbé J.-B. LOUBERT.

4me Aumônier de l'Hospice de la Vieillesse (femmes),
Salpétrière.

Paris, Salpétrière, 20 décembre 1847.

Paris. — Imprimerie d'Ed. Bautruche,
Rue de la Harpe, 90.